はしがき

　本書は初級中国語を学び終えて、次の段階に進む学習者のために編集した講読用の教科書です。言語はコミュニケーションの手段です。互いにコミュニケートするためには共通の話題が必要であり、そのための語彙や表現力を身につける必要があります。この目的のため、本書は日中間における共通のテーマを扱いました。

　第一課は、中国語の母体である中華人民共和国の概観を紹介しています。中国における国としての概観を中国語で学ぶことによって、日本という国を中国語で紹介することができます。第二課と第三課は中国における自動車免許の取得方法を紹介しています。これも日中間の共通テーマとして役に立つ中国語を身につけることができます。第四課と第五課は環境保護をテーマとした内容です。中国の大学生が環境保護にどのように取り組んでいるかを紹介しています。日本の大学生の環境保護への考え方や取り組みなどを紹介するときの参考にしてください。第六課と第七課は卓球選手・福原愛が中国駐日大使を表敬訪問したニュースを扱っています。福原愛は中国でも有名な卓球の選手です。やはり共通の話題になりそうですね。第八課は中国の使い捨ての箸に対する取り組みです。日本でも使い捨ての割り箸に対しては批判がありますが、中国も同じです。中国語での表現力を養ってください。第九課は地球の温暖化を扱っています。これはグローバルなテーマです。第十課は過労死です。共通の問題として考えなければならないテーマです。

　日本のことを紹介したり、共通のテーマについて意見交換できるよう、本書が中国語学習に役立つことを祈っております。

　本書の出版にあたり、サンライズ出版の岩根治美さんにはお世話になりました。記して感謝申し上げます。

2008年　夏

著　者

目次

第一課 ・・・・・・・・・・・・・・・・・・・・・・・・・・・ 1
　中华人民共和国

第二課 ・・・・・・・・・・・・・・・・・・・・・・・・・・・ 13
　能在中国开车吗?(1)

第三課 ・・・・・・・・・・・・・・・・・・・・・・・・・・・ 21
　能在中国开车吗?(2)

第四課 ・・・・・・・・・・・・・・・・・・・・・・・・・・・ 27
　每天上街捡一小时垃圾(1)

第五課 ・・・・・・・・・・・・・・・・・・・・・・・・・・・ 33
　每天上街捡一小时垃圾(2)

第六課 ・・・・・・・・・・・・・・・・・・・・・・・・・・・ 41
　福原爱拜访中国大使(1)

第七課 ・・・・・・・・・・・・・・・・・・・・・・・・・・・ 47
　福原爱拜访中国大使(2)

第八課 ・・・・・・・・・・・・・・・・・・・・・・・・・・・ 53
　一次性消费

第九課 ・・・・・・・・・・・・・・・・・・・・・・・・・・・ 59
　气候变暖

第十課 ・・・・・・・・・・・・・・・・・・・・・・・・・・・ 61
　『过劳死』为华人淘金敲警钟

語彙索引 ・・・・・・・・・・・・・・・・・・・・・・・・・・ 65

第一课
中华人民共和国

中华 人民 共和国 位于 亚洲 东部，东 濒 太平洋。
Zhōnghuá rénmín gònghéguó wèiyú Yàzhōu dōngbù, dōng bīn Tàipíngyáng.

面积 960 多 万 平方 公里。人口 13 亿， 居 世界
Miànjī jiǔbǎiliùshí duō wàn píngfāng gōnglǐ. Rénkǒu shísān yì, jū shìjiè

首位，居民 94% 为 汉族，还 有 蒙、回、藏 等
shǒuwèi, jūmín bǎifēnzhī jiǔshisì wéi Hànzú, hái yǒu Měng、Huí、Zàng děng

共 56 个 民族。通用 汉语。
gòng wǔshiliù ge mínzú. Tōngyòng Hànyǔ.

山地、高原 占 59% ，平原、盆地 占
Shāndì、gāoyuán zhàn bǎifēnzhī wǔshijiǔ, píngyuán、péndì zhàn

31% ， 丘陵 占 10%。
bǎifēnzhī sānshiyī, qiūlíng zhàn bǎifēnzhī shí.

气候 复杂 多样，大部分 地区 属 温带、亚热带 季风 气候，
Qìhòu fùzá duōyàng, dàbùfen dìqū shǔ wēndài、yàrèdài jìfēng qìhòu,

四季 分明，雨热 同季，适宜 多种 作物 生长。矿产 资源
sìjì fēnmíng, yǔrè tóngjì, shìyí duōzhǒng zuòwù shēngzhǎng. Kuàngchǎn zīyuán

丰富，钨、锡、钼、锑、汞、铅、锌、煤 等 储量 居 世界
fēngfù, wū、xī、mù、tī、gǒng、qiān、xīn、méi děng chǔliàng jū shìjiè

前列，水力、地热 和 沿海 水产 资源 丰富。森林 覆盖率
qiánliè, shuǐlì、dìrè hé yánhǎi shuǐchǎn zīyuán fēngfù. Sēnlín fùgàilǜ

为 14%。

中国的首都是北京。简称"京",是全国政治、经济、交通和文化中心。属典型暖温带半湿润大陆性季风气候,四季分明,冬季寒冷干燥,夏季高温多雨。

早在70万年前,北京周口店地区就出现了原始人群部落"北京人。"直到1271年,元朝统一中国后,大都在历史上第一次成为了全国的政治中心。元朝灭亡后,北京又相继成为明清两朝的首都。1949年10月1日北京被

正式　　确定　为　中华　人民　共和国　　首都。
zhèngshì　quèdìng wéi Zhōnghuá rénmín gònghéguó shǒudū.

北京・天壇公園

北京の"京"をイメージした

北京オリンピックのロゴマーク

生词

位于：〜に位置する
　　　乌鲁木齐（Wūlǔmùqí：ウルムチ）位于亚洲（Yàzhōu）大陆（dàlù）的中心（zhōngxīn）。
濒：〜に接近する、面している
居：〜に置かれる、〜にある
为：（目的語をとって）〜とする、〜とみなす
占：〜占める
多样：多様である
适宜：適している
储量：埋蔵量
地热：地熱、地殻の高温部から伝わる熱
森林覆盖率：（国土に占める）森林面積、森林率
暖温带半湿润大陆性季风气候：温帯半湿潤大陸性季節風気候
北京周口店地区：北京の南西、房山区にある、北京原人の化石が発見された場所
"北京人"：北京原人、シナントロプス・ペキネンシス、約７０万〜２０万年前に生存
直到：（ある時点、程度、状態などに）なるまで
元朝：元、王朝名、首都は大都（現在の北京）
大都：大都（だいと）、元の首都、現在の北京
成为：〜になる
相继：相次いで、次々と
明：明、王朝名
清：清、王朝名

⇒ポイント

1．数字の数え方

一	二	三	四	五	六	七	八	九
yī	èr	sān	sì	wǔ	liù	qī	bā	jiǔ

十	十一……二十	二十一……九十九
shí	shíyī　　èrshí	èrshiyī　　jiǔshijiǔ

百	千	万	亿	零
bǎi	qiān	wàn	yì	líng

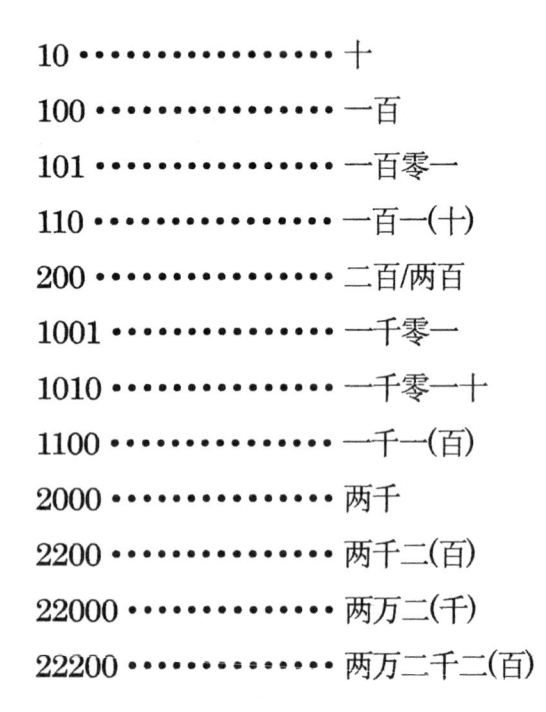

```
10     ……………… 十
100    ……………… 一百
101    ……………… 一百零一
110    ……………… 一百一(十)
200    ……………… 二百/两百
1001   ……………… 一千零一
1010   ……………… 一千零一十
1100   ……………… 一千一(百)
2000   ……………… 两千
2200   ……………… 两千二(百)
22000  ……………… 两万二(千)
22200  ……………… 两万二千二(百)
```

2．パーセンテージ

①30%　　　　百分之三十

②15．5%　　　百分之十五点五

3．分数

①1/2　　　　二分之一

②1/3　　　　三分之一

4．倍数

①两倍　liǎng bèi

②三倍　sān bèi

5．加减乘除

①四加二等于六。　Sì jiā èr děngyú liù.

②八减三等于五。　Bā jiǎn sān děngyú wǔ.

③五乘以三等于十五。　Wǔ chéng yǐ sān děngyú shíwǔ.

④六除以三等于二。　Liù chú yǐ sān děngyú èr.

6．1949年10月1日北京被正式确定为中华人民共和国首都。

①花瓶**被**她打碎了。　Huāpíng bèi tā dǎsuìle.

②他**被**选为班长。　Tā bèi xuǎnwéi bānzhǎng.

練習

1. ピンインを漢字に直して、日本語に訳しなさい。

    (1) Tāmen xuéxiào de nǚshēng zhàn duōshao？

    (2) Rìběn shǔ wēndài qìhòu.

    (3) Rìběn de shǒudū shì Dōngjīng.

2. 次の数字を中国語で読みなさい。

    (1) 456,789   (6) 2/5

    (2) 2,960,002   (7) 6/15

    (3) 781,439   (8) 21/2000

    (4) 6,980,004   (9) 52％

    (5) 58,000   (10) 27％

3. 次の問いに中国語で答えなさい。

    (1) 中华人民共和国在哪一洲?

    (2) 中国的人口有多少?

    (3) 汉族占全国人口的百分之多少?

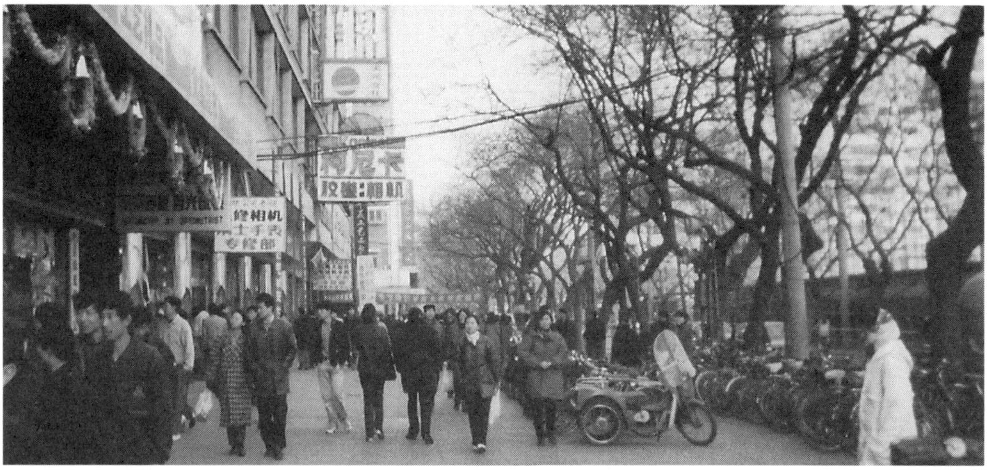

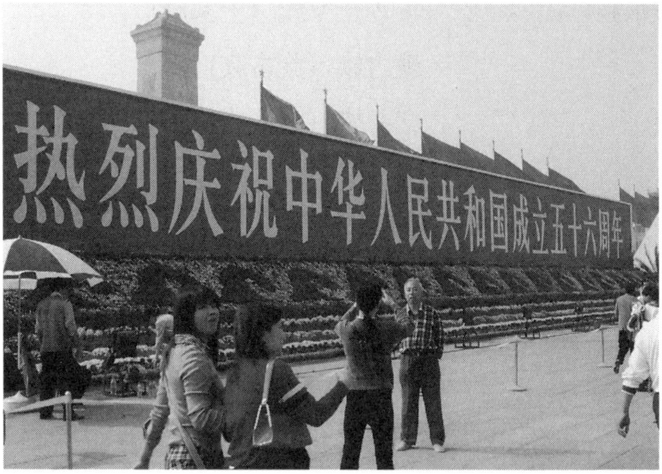
热烈庆祝中华人民共和国成立五十六周年

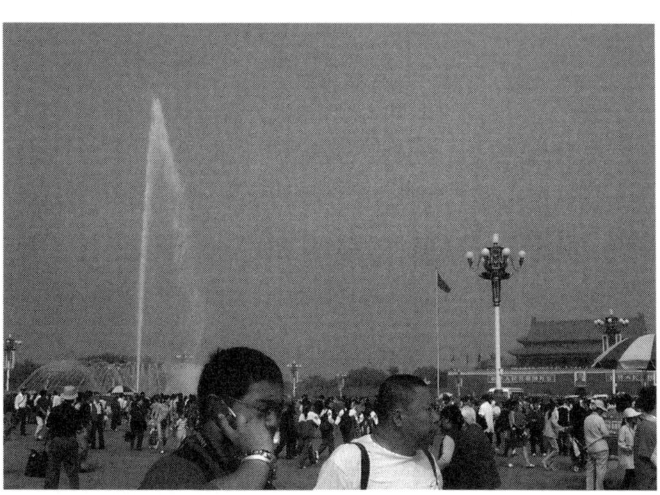

コラム

中国の少数民族

チワン族（壮族）	満州族（满族）
回族（回族）	ミャオ族（苗族）
ウイグル族（维吾尔族）	トゥチャ族（土家族）
イー族（彝族）	蒙古族（蒙古族）
チベット族（藏族）	プイ族（布依族）
トン族（侗族）	ヤオ族（瑶族）
朝鮮族（朝鲜族）	ペー族（白族）
ハニ族（哈尼族）	カザク族（哈萨克族）
リー族（黎族）	タイ族（傣族）
シェ族（畬族）	リス族（傈僳族）
コーラオ族（仡佬族）	トンシャン族（东乡族）
ラフ族（拉祜族）	シュイ族（水族）
ワ族（佤族）	ナシ族（纳西族）
チャン族（羌族）	トゥ族（土族）
ムーラオ族（仫佬族）	シボ族（锡伯族）
キルギス族（柯尔克孜族）	ダウール族（达斡尔族）
チンポオ族（景颇族）	マオナン族（毛南族）
サラ族（撒拉族）	プーラン族（布朗族）
タジク族（塔吉克族）	アチャン族（阿昌族）

プミ族（普米族）　　　エヴェンキ族（鄂温克族）
ヌー族（怒族）　　　　ジン族（京族）
ジーヌオ族（基诺族）　ドアン族（德昂族）
パオアン族（保安族）　オロス族（俄罗斯族）
ユーグ族（裕固族）　　ウズベク族（乌孜别克族）
メンパ族（门巴族）　　オロチョン族（鄂伦春族）
トーロン族（独龙族）　タタール族（塔塔尔族）
ホジェン族（赫哲族）　高山族（高山族）
ローバ族（珞巴族）

memo

第二课
Dì èr kè

能在中国开车吗?(1)
Néng zài Zhōngguó kāi chē ma

读者 张先生 是 拥有 美国 绿卡 的 中国 公民,
Dúzhě Zhāng xiānsheng shì yōngyǒu Měiguó lǜkǎ de Zhōngguó gōngmín,

其所供职的美国某著名公司,近年来与国内的业务
qí suǒ gòngzhí de Měiguó mǒu zhùmíng gōngsī, jìnniánlái yǔ guónèi de yèwù

往来日益频繁。随着 张先生 被 派遣 在 国内 工作 的
wǎnglái rìyì pínfán. Suízhe Zhāng xiānsheng bèi pàiqiǎn zài guónèi gōngzuò de

时间越来越长,持有美国驾照的他,非常希望在
shíjiān yuè lái yuè cháng, chíyǒu Měiguó jiàzhào de tā, fēicháng xīwàng zài

国内也能驾驶机动车,却不知如何办理相关手续,
guónèi yě néng jiàshǐ jīdòngchē, què bùzhī rúhé bànlǐ xiāngguān shǒuxù,

也不知是否还需要参加国内的驾校培训和道路驾驶
yě bùzhī shìfǒu hái xūyào cānjiā guónèi de jiàxiào péixùn hé dàolù jiàshǐ

考试。 张 先生 遇到的问题,其实是 包括了港澳台
kǎoshì. Zhāng xiānsheng yùdào de wèntí, qíshí shì bāokuò le Gǎng Ào Tái

同胞、旅居国外的中国公民、外籍华人等持有境外机动车驾照但需要在中国境内驾驶机动车的人士共同面临的问题。依据中国现行的法律法规，上述持境外驾照的人员，只要符合一定的身体和年龄条件，熟悉中国的道路交通法规，就可以直接持相关身份证明及申请材料，到居留地所在的省级或地市级城市车辆管理所申请办理国内的驾驶证，通过交通法规考试，即可获得境内的机动车驾驶执照。因为各省对提交申请材料的形式要求可能略有不同，下面仅以北京为例，介绍持

境外　駕照　的　境外　人员　申请　中国　驾照　的　大致
jìngwài jiàzhào de jìngwài rényuán shēnqǐng Zhōngguó jiàzhào de dàzhì

流程。
liúchéng.

◇◆◇◆◇◆◇◆◇

生词

绿卡：グリーンカード。アメリカで働く外国人労働者に発行される永住許可
　　　　証
中国公民：中国国民
其所供职：その職務につく（ところの）
某：（名詞の前につけて）ある～
　　　　　某人（ある人）
　　　　　某年（ある年）
持有：持っている
驾照："驾驶执照 jiàshǐ zhízhào" の略称
机动车：エンジンを持っている車両の総称、車　→　非机动车
相关：関係がある、関連の
驾校：自動車運転教習所
港澳台：香港・マカオ・台湾の略称

旅居：外国に居住する

外籍华人：華人。外国籍の中国人。中国国外に住み、中国籍ではなく外国籍を持つ中国人。中国籍を持ち外国に住む中国人である"华侨 huáqiáo（華僑）"と区別して使われる。

境外：境界線の外。国外・省の外などの地域を指す。ここでは外国を指す。

但：（逆接を表す）しかし

境内：境界線の内側。国内・省の中などの地域を指す。ここでは国内を指す。

依据：～による、～に依拠する

省级：中国語の行政地方の分類。省のレベル。"省"は行政区画の単位で、最上級に属す。基本的に、"省级""地市级""县级""乡级"に分かれる。

地市级：中国の行政地方の分類。地区と市のレベル。

因为：なぜならば

提交：交付する、提出する

略：少し

不同：違い

大致：大体の、おおよその

流程：プロセス

⇒ポイント

1. 其所供职的美国某著名公司
   ①我**所**认识的人　wǒ suǒ rènshi de rén

   ②你们**所**看到的情况怎么样？
   　　Nǐmen suǒ kàndào de qíngkuàng zěnmeyàng?

2. 随着张先生被派遣在国内工作的时间越来越长
   ①**随着**中国经济的发展和对外开放的不断深入，越来越多的外国人来到中国工作。
   　　Suízhe Zhōngguó jīngjì de fāzhǎn hé duìwài kāifàng de búduàn shēnrù, yuè lái yuè duō de wàiguórén láidào Zhōngguó gōngzuò.

   ②**随着**收入的增加，人们的生活水平提高了。
   　　Suízhe shōurù de zēngjiā, rénmen de shēnghuó shuǐpíng tígāo le.

3. 随着张先生被派遣在国内工作的时间越来越长
   ①天气**越来越冷**。　Tiānqì yuè lái yuè lěng.

   ②他的病**越来越重**。　Tā de bìng yuè lái yuè zhòng.

4. 也不知是否还需要参加国内的驾校培训和道路驾驶考试。
   ①我不知道他**是否**去过中国。
   　　Wǒ bù zhīdào tā shìfǒu qùguo Zhōngguó.

   ②他**是否**会打乒乓球，我不知道。
   　　Tā shìfǒu huì dǎ pīngpāngqiú, wǒ bù zhīdào.

5. 只要符合一定的身体和年龄条件，熟悉中国的道路交通法规，就可以直接持相关身份证明及申请材料，……

①**只要**你没意见，我们**就**没意见。

　　Zhǐyào nǐ méi yìjian, wǒmen jiù méi yìjian.

②**只要**工夫深，铁杵磨成针。

　　Zhǐyào gōngfu shēn, tiěchǔ móchéng zhēn.

6. 以北京为例

①**以**雷锋**为**榜样　　yǐ Léi Fēng wéi bǎngyàng

②**以**他**为**中心　　yǐ tā wéi zhōngxīn

— 18 —

練習

1. ピンインを漢字に直し、日本語に訳しなさい。

   (1) Jīntiān wǒ bù néng kāi chē.

   (2) Tiānqì yuè lái yuè nuǎnhuo.

   (3) Shìfǒu tā yě qù?

2. 辞書を使って意味とピンインを調べなさい。

   (1) 卡片　　　　　　　　　(5) 信用卡

   　　意味　　　　　　　　　　　意味

   　　ピンイン　　　　　　　　　ピンイン

   (2) 银行卡　　　　　　　　(6) 电话卡

   　　意味　　　　　　　　　　　意味

   　　ピンイン　　　　　　　　　ピンイン

   (3) 人行横道　　　　　　　(7) 红绿灯

   　　意味　　　　　　　　　　　意味

   　　ピンイン　　　　　　　　　ピンイン

   (4) 加油站　　　　　　　　(8) 卡车

   　　意味　　　　　　　　　　　意味

   　　ピンイン　　　　　　　　　ピンイン

コラム

華僑・華人

　「華僑」の「華」は"中華"の"华"で、「僑」は"侨居"、つまり「国外に居住する」「異郷に住む」などの意味です。

　「華僑」とは国外に居住していますが、中国籍を保持している中国系住民を指します。「華人」とはやはり国外に居住していますが、居住国の国籍を持つ中国系住民を指します。現在、全世界の華僑・華人は三千万人とも六千万人とも言われています。中国では、「華僑」と「華人」を総称して"华侨华人"と呼ぶことがあります。

　かつては福建・広東・客家など華南の出身者が主に東南アジア一帯に移り住み伝統的な華僑社会を形成してきました。最近では中国の対外政策の深化に伴い、欧米や日本へ留学或いは研修に来た後、留学先または研修先に定住する人々が大幅に増加し、これまでの華南地域を出身とする伝統的な華僑・華人とは異なる上海・北京などの大都市を出身とする華僑・華人が急増しています。彼らは「新華僑」とも呼ばれ、居住先は米国、カナダの北米を中心に、日本、オーストラリア、ヨーロッパなどです。

　なお、これらの外国に住む中国系の人々に対して親しみを込めて"海外同胞 hǎiwài tóngbāo"と呼ぶこともあります。

陳慶民

第三课
Dì sān kè

能在中国开车吗?(2)

首先， 需要 准备 3 张 近期 免冠、 白色 背景 的
Shǒuxiān, xūyào zhǔnbèi sān zhāng jìnqī miǎnguān、báisè bèijǐng de

彩色 正面 一寸 相片、 县级 以上 医疗 机构 出具 的
cǎisè zhèngmiàn yí cùn xiàngpiàn、xiànjí yǐshàng yīliáo jīgòu chūjù de

体检 证明 （外交 人员 不需 提供 此 证明 ）和 海外
tǐjiǎn zhèngmíng(wàijiāo rényuán bù xū tígōng cǐ zhèngmíng) hé hǎiwài

驾照 及其 中文 翻译 文本；然后， 持 入境 时 的 身份
jiàzhào jíqí Zhōngwén fānyì wénběn；ránhòu, chí rùjìng shí de shēnfen

证明 和 居留 证明 到 北京市 交管局 车辆 管理所
zhèngmíng hé jūliú zhèngmíng dào Běijīngshì jiāoguǎnjú chēliàng guǎnlǐsuǒ

填写 《 机动车 驾驶证 申请 表》， 申请表 的
tiánxiě 《jīdòngchē jiàshǐzhèng shēnqǐngbiǎo》, shēnqǐngbiǎo de

准驾车型　　建议　　选择　　填写　小型汽车　C1　或　　小型
zhǔnjiàchēxíng jiànyì　xuǎnzé　tiánxiě xiǎoxíngqìchē C yī　huò xiǎoxíng

自动档　汽车　C2（申请　其他　机动车　驾驶　执照　还　需
zìdòngdàng qìchē　C èr(shēnqǐng　qítā　jīdòngchē jiàshǐ zhízhào　hái　xū

进行　道路　驾驶　技能　考试）；第三，申请人　在　缴纳　相关
jìnxíng dàolù jiàshǐ jìnéng kǎoshì); dì sān, shēnqǐngrén zài jiǎonà xiāngguān

费用　后，预约　交通　法规 考试，按照　准考证上　　的
fèiyong hòu , yùyuē　jiāotōng fǎguī kǎoshì, ànzhào zhǔnkǎozhèngshang　de

时间　和 考试 地点　参加　申请人　所 熟悉 语言 的 交通
shíjiān　hé　kǎoshì dìdiǎn cānjiā　shēnqǐngrén　suǒ shúxī yǔyán de jiāotōng

法规　考试；第 四，考试 合格 后 由　交管所　在　5 个　工作日　内
fǎguī　kǎoshì; dì sì, kǎoshì hégé hòu yóu jiāoguǎnsuǒ zài wǔ ge gōngzuòrì nèi

核发 驾驶　执照。该 驾照　的 使用期 一般 为 6 年， 到期
héfā jiàshǐ　zhízhào. Gāi jiàzhào　de　shǐyòngqī yìbān wéi liù nián， dàoqī

换证　时 不 需要　再　进行　考试。
huànzhèng shí bù xūyào　zài　jìnxíng　kǎoshì.

　　需要 提示 的 是：国内 的 道路 交通 法规、道路　交通　设施、
　　Xūyào tíshì de shì:guónèi de dàolù jiāotōng fǎguī、dàolù jiāotōng shèshī、

信号　标志、路面　非机动车　的　保有量　等 情况　均
xìnhào biāozhì、lùmiàn fēijīdòngchē de bǎoyǒuliàng děng qíngkuàng jūn

与国外有诸多不同。建议在申请考试之前,先向交管局认定的有关机构购买交通法规考试复习材料,进行学习,以便顺利通过考试,这对今后在国内安全驾车也是一个保障。

生词

县级：県のレベル。省の下の行政区画。日本の「県」よりも規模が小さい。
出具：発行する
体检：体格検査
外交人员：外交関係者
此：この

    此人（この人）
    此地（この地）

及其：及びその～
交管局：交通管理局
准驾车型：運転が許される車種
建议：提案する
小型汽车C1：小型車C1。中国では自動車の免許証がA1、A2、A3、B1、B2、
     C1、C2、C3、C4、D、E、F、M、Nなどに分類されている。
小型汽车C2：上記"小型汽车C1"を参照。"自动档"はオートマチック。
缴纳：納める
准考证：受験票、受験書
交管所：交通管理所
核发：（審査のうえ）発給する
到期：期限になる、満期になる
换证：（免許証などを）更新する
提示：指摘する
非机动车：自転車・リアカー・人力車・馬車などエンジンのない車両
以便：～するために。後文で表現された内容が実現できるために。後文に用いる。

⇒ポイント

1. 第四，考试合格后**由**交管所在5个工作日内核发驾驶执照。

    ①该问题**由**他来解决。　Gāi wèntí yóu tā lái jiějué.

    ②这个问题**由**王明来说明。　Zhège wèntí yóu Wáng Míng lái shuōmíng.

2. **该**驾照的使用期一般为6年

    该问题 wèntí　　**该**大学 dàxué　　**该**公司 gōngsī

3. **以便**顺利通过考试，这对今后在国内安全驾车也是一个保障。

    ①你留个电子邮址，**以便**今后联系。

    　Nǐ liú ge diànzǐ yóuzhǐ, yǐbiàn jīnhòu liánxì.

    ②你先把材料准备好，**以便**进一步具体研究。

    　Nǐ xiān bǎ cáiliào zhǔnbèihǎo, yǐbiàn jìn yí bù jùtǐ yánjiū.

練習

辞書を使って意味とピンインを調べなさい。

(1) 句号

意味

ピンイン

(2) 顿号

意味

ピンイン

(3) 冒号

意味

ピンイン

(4) 加号

意味

ピンイン

(5) 问好

意味

ピンイン

(6) 逗号

意味

ピンイン

(7) 分号

意味

ピンイン

(8) 书名号

意味

ピンイン

(9) 负号

意味

ピンイン

(10) 叹号

意味

ピンイン

| 、 | 。 | ： | ＋ | － | ， | ； | 《》 | ？ | ！ |

第四课
Dì sì kè

每天上街捡一小时垃圾(1)
Měi tiān shàng jiē jiǎn yì xiǎo shí lā jī

河南漯河留美女大学生张栋，2005年
Hénán Luòhé liú-Měi nǚdàxuéshēng Zhāng Dòng, èr líng líng wǔ nián

作为漯河市高考理科状元被美国的一所女子大学
zuòwéi Luòhé shì gāokǎo lǐkē zhuàngyuan bèi Měiguó de yì suǒ nǚzǐ dàxué

录取，并获全额奖学金。今年放假回国后，张栋
lùqǔ, bìng huò quán'é jiǎngxuéjīn. Jīnnián fàngjià huíguó hòu, Zhāng Dòng

给自己布置了这样一道寒假作业：从2007年
gěi zìjǐ bùzhì le zhèyàng yí dào hánjià zuòyè: cóng èr líng líng qī nián

12月20日到今年1月20日寒假的一个月里，
shí'èr yuè èrshí rì dào jīnnián yī yuè èrshí rì hánjià de yí ge yuè li,

每天上街捡一个小时垃圾。同时呼吁家乡父老不随地
měitiān shàngjiē jiǎn yí ge xiǎoshí lājī. Tóngshí hūyù jiāxiāng fùlǎo bù suídì

吐痰，不随地扔垃圾。张栋的举动在漯河市民中
tǔtán, bù suídì rēng lājī. Zhāng Dòng de jǔdòng zài Luòhé shìmín zhōng

产生　　强烈　　反响。现在　漯河　学校　给　学生们　布置　的
chǎnshēng qiángliè　fǎnxiǎng . Xiànzài Luòhé xuéxiào gěi xuéshengmen bùzhì de

寒假　作业 就是 捡 垃圾。许多 单位 也 组织　人员　上街　捡　垃圾,
hánjià zuòyè jiùshì jiǎn lājī. Xǔduō dānwèi yě zǔzhī rényuán shàngjiē jiǎn lājī,

用　　这种　方式 过 一 个 有 意义 的 环保　春节。
yòng zhèzhǒng fāngshì guò yí ge yǒu yìyì de huánbǎo Chūnjié .

◇◆◇◆◇◆◇◆◇

生词

留美：アメリカに留学している

高考：大学の入試。"全国高等院校招生统一考试"の略称。

并：[接続詞]並びに、その上

布置：しつらえる、手はずを整える、アレンジする

道：[量詞]道、リボンなど細長いものや問題、命令などを数えるときに用いられる。

随地：所かまわず

就是：つまり〜である。まさに〜である。

单位：機関、団体などの組織

环保：環境保護

⇒ポイント

1．捡一小时垃圾
　①咱们**休息五分钟**。　Zánmen xiūxi wǔ fēnzhōng.

　②我昨天只**睡了两个小时**。
　　Wǒ zuótiān zhǐ shuì le liǎng ge xiǎoshí.

2．张栋**给**自己布置了这样一道寒假作业
　①我**给**他当翻译。　Wǒ gěi tā dāng fānyì.

　②妈妈**给**孩子洗头发。　Māma gěi háizi xǐ tóufa.

3．张栋给自己布置了这样一**道**寒假作业
　①一**道**命令　yí dào mìnglìng

　②两**张**纸　liǎng zhāng zhǐ

　③三**位**客人　sān wèi kèren

4．**从** 2007 年 12 月 20 日**到**今年 1 月 20 日
　①**从**三点**到**四点　cóng sān diǎn dào sì diǎn

　②**从**东京**到**京都　cóng Dōngjīng dào Jīngdū

コラム

量詞と助数詞とそのカテゴリ化

　中国語の量詞は５００〜６００、日本語の助数詞は１００あまりと言われ、数字から見ただけでも、日本語からの単純な置き換えでは対応できないことが分かります。この他、品詞における位置づけにも両者の間に違いがあります。日本語の助数詞は数詞につく接尾辞として扱われていますが（『国語学大辞典』）、中国語の量詞は動詞や名詞と同列の品詞として扱われ（『現代汉语八百词』）、機能的にも違いが見られます。両者にはこのような違いが見られますが、共に類別機能を持っているという点では共通しています。この点について少し考えてみましょう。

　両者は事物を数える時に、同時にその事物のカテゴリを示しています。例えば、机の上に紙と鉛筆が置いてあり、「一本とって」と言えば、聞き手は紙ではなく鉛筆を渡します。それは鉛筆が助数詞「本」のカテゴリに入り、紙はこのカテゴリから排除されることを話し手と聞き手の共通認識として確認されているからです。そして、この確認は社会的に認知されているものです。この点は中国語でも同様に、"给我一枝"と言えば鉛筆を指し、紙を指す時には別の量詞が使われます。ただ、時には、この社会的ルールからはみ出した特別な助数詞（中国語では量詞）を選ぶことにより個人的なメッセージを託すことができます。

　次の例は競馬の騎手が優勝した時のコメントで、通常なら馬は動物のカテ

ゴリに加えられるものですが、人と同一のカテゴリに入れることによって、騎手の馬に対する特別なメッセージを伝達することができます。

(競馬の騎手)これから二人で王道を歩いていく(1995.12.25 『東京新聞』)

　中国語の量詞も同様にカテゴリを示しています。次の例では、まだ誰かわからない段階では"个"が使われていますが、その人物が知人であると分かった段階では"位"が使われています。"位"は数えられる人物に対して敬意の気持ちを表すことができます。"个"を用いた場合にはぞんざいなニュアンスを含んでしまうことから、知人には"位"が選択されたのでしょう。つまり、二人の人物を"位"のカテゴリに入れることにより、敬意の感情が表現できることになります。これも一種のカテゴリ化の働きです。

　不料刚刚抬起头来，就看见前面走过两个人，是熟面孔！一位是韩孟翔，交易所经纪人，而且赵伯韬的亲信，又一位是李玉亭。(『子夜』)

　このことからも量詞は日本語の助数詞と同様、数えられる対象物のカテゴリを表していることが分かります。
　両者が共に「類別詞」と呼ばれる由縁もここにあります。

練　習

1. ピンインを漢字に直し、日本語に訳しなさい。

    (1) Wǒ lái gěi nǐ jièshào yíxià.

    (2) Wǒ xué le liǎng nián Hànyǔ.

2. 適当な量詞を選んで（　　）の中に入れなさい。

    (1) 一（　　）票　　　　　(6) 六（　　）老师

    (2) 两（　　）人　　　　　(7) 七（　　）马

    (3) 三（　　）学校　　　　(8) 八（　　）书

    (4) 四（　　）衣服　　　　(9) 九（　　）头发

    (5) 五（　　）铅笔　　　　(10) 十（　　）雨伞

---

a. 把, b. 匹, c. 枝, d. 张, e. 本, f. 位, g. 根, h. 个, i. 件, j. 所,

Dì wǔ kè
第五课

每天上街捡一小时垃圾(2)

1月 9日, 笔者 陪 张 栋 捡 了一个小时 垃圾,才 发现
Yī yuè jiǔ rì, bǐzhě péi Zhāng Dòng jiǎn le yí ge xiǎoshí lājī, cái fāxiàn

做 这样 一 件 事情 还 真 需要 些 勇气。一路上, 不断 遭遇
zuò zhèyàng yí jiàn shìqing hái zhēn xūyào xiē yǒngqì. Yílùshang, búduàn zāoyù

路人 好奇的目光。"当 乱 扔 的人 少 了,主动 捡 的人
lùrén hàoqí de mùguāng. "Dāng luàn rēng de rén shǎo le, zhǔdòng jiǎn de rén

多了,就没 人再看 了。我们 是 在 倡导 一 种 好的
duō le, jiù méi rén zài kàn le. Wǒmen shì zài chàngdǎo yì zhǒng hǎo de

生活 习惯,怕 什么, 继续捡。" 张 栋 说。
shēnghuó xíguàn, pà shénme, jìxù jiǎn." Zhāng Dòng shuō.

当天, 笔者和张 栋 在一个小时 里 捡了300 多个
Dàngtiān, bǐzhě hé Zhāng Dòng zài yí ge xiǎoshí li jiǎn le sānbǎi duō ge

烟头和3塑料袋纸屑、果皮等生活垃圾。
yāntóu hé sān sùliàodài zhǐxiè、guǒpí děng shēnghuó lājī.

"不乱扔垃圾，相信每个想做的人都能做到。可
"Bú luàn rēng lājī, xiāngxìn měi ge xiǎng zuò de rén dōu néng zuòdào. Kě

就是这件想做就能做到的小事，我们却忽略了。这
jiùshì zhèjiàn xiǎng zuò jiù néng zuòdào de xiǎoshì, wǒmen què hūlüè le. Zhè

是我们国人能改而没改的恶习，我们是该改一下了。"
shì wǒmen guórén néng gǎi ér méi gǎi de èxí, wǒmen shì gāi gǎi yíxià le"

一位网友如是说。
Yí wèi wǎngyǒu rúshì shuō.

1月10日，漯河市长祁金立看到张栋捡垃圾的
Yī yuè shí rì, Luòhé shìzhǎng Qí Jīnlì kàndào Zhāng Dòng jiǎn lājī de

报道后，专门作出批示："留美女大学生放假回来每天
bàodào hòu, zhuānmén zuòchū pīshì："Liú-Měi nǚdàxuéshēng fàngjià huílai měitiān

捡一小时垃圾，对广大市民是个启发，漯河太需要
jiǎn yì xiǎoshí lājī, duì guǎngdà shìmín shì ge qǐfā, Luòhé tài xūyào

这样有责任心和珍爱家乡、珍爱环境的市民了。
zhèyàng yǒu zérènxīn hé zhēn'ài jiāxiāng、zhēn'ài huánjìng de shìmín le.

广大市民期望城市文明，城市文明期望大批
Guǎngdà shìmín qīwàng chéngshì wénmíng, chéngshì wénmíng qīwàng dàpī

文明 市民。"当天 中午，漯河 小学 六 年级 40 名
wénmíng shìmín." Dàngtiān zhōngwǔ, Luòhé xiǎoxué liù niánjí sìshí míng

小学生 利用 放学 时间 跟随 张 栋 一起 走上 街头
xiǎoxuéshēng lìyòng fàngxué shíjiān gēnsuí Zhāng Dòng yìqǐ zǒushàng jiētóu

捡 了 一 个 小时 垃圾。"我 以后 只要 看到 垃圾，就 会
jiǎn le yí ge xiǎoshí lājī. "Wǒ yǐhòu zhǐyào kàndào lājī, jiù huì

捡起来。看到 别人 乱 扔 也会 上 前 制止。我 要 向
jiǎnqilai. Kàndào biéren luàn rēng yě huì shàng qián zhìzhǐ. Wǒ yào xiàng

张 栋 姐姐 学习，用 自己 的 实际 行动 带动 大家 养成
Zhāng Dòng jiějie xuéxí, yòng zìjǐ de shíjì xíngdòng dàidòng dàjiā yǎngchéng

爱护 环境 的 好 习惯。" 学生 张 臻 说。
àihù huánjìng de hǎo xíguàn." Xuésheng Zhāng Zhēn shuō.

生词

才：ようやく
些：いくらか、わずか
目光：視線
乱：むやみに、やたらに
塑料袋：ビニール袋
却：意外にも、なんと
如是：このように
启发：ヒント
大批：大量の、多くの
上前：前に出る

⇒ポイント

1. 还真需要**些**勇气

    这**些**学生 zhèxiē xuésheng

    那**些**东西 nàxiē dōngxi

    一**些**问题 yìxiē wèntí

2. 乱扔的人少**了**，主动捡的人多**了**，

    ①爷爷病好**了**。　Yéye bìng hǎo le.

    ②七点**了**，该起床**了**。　Qī diǎn le, gāi qǐ chuáng le.

3. 我们是**在**倡导一种好的生活习惯，怕什么，继续捡。

    ①外边还**在**下雨。　Wàibian hái zài xià yǔ.

    ②她**正在**开会呢。　Tā zhèng zài kāi huì ne.

4. 这件想做**就**能做到的小事，我们却忽略了。

    ①下雨**就**不去。　Xià yǔ jiù bú qù.

    ②有事**就**来，没事**就**别来。

    　　Yǒu shì jiù lái, méi shì jiù bié lái.

5. 我以后只要看**到**垃圾，就会捡起来。

    ①钱包找**到**了。　Qiánbāo zhǎodào le.

    ②来信收**到**了。　Láixìn shōudào le.

6．养成爱护环境的好习惯

①把日文翻成中文。　Bǎ Rìwén fānchéng Zhōngwén.

②你把他看成什么人？　Nǐ bǎ tā kànchéng shénme rén?

練　　習

1．ピンインを漢字に直し、日本語に訳しなさい。

(1) Wǒ zhèngzài zuò fàn ne.

(2) Wǒ mǎidào nà běn xiǎoshuō le.

2．（　）の中に適当な助動詞（能願動詞）を入れなさい。

(1) 可就是这件（　　）做就（　　）做到的小事，我们却忽略了。

(2) 这是我们国人（　　）改而没改的恶习，我们是（　　）改一下了。"

(3) 我以后只要看到垃圾，就（　　）捡起来。看到别人乱扔也（　　）上前制止。

(4) 我（　　）向张栋姐姐学习，用自己的实际行动带动大家养成爱护环境的好习惯。

コラム

インターネット用語

电脑 diànnǎo：コンピュータ

因特网 yīntèwǎng：インターネット

网民 wǎngmín：インターネットの利用者、インターネット市民（ネチズン）

上网 shàng//wǎng：インターネットにアクセスする

下载 xià//zǎi：ダウンロードする

电脑病毒 diànnǎo bìngdú：コンピューター・ウイルス
　　下载时要注意电脑病毒。（ダウンロードする時はウイルスに気を付けなければならない。）

网页 wǎngyè：ホームページ

网上购物 wǎngshang gòuwù：オンライン・ショッピング

宽带 kuāndài：ブロードバンド

电子邮件 diànzǐ yóujiàn：電子メール

电子邮址 diànzǐ yóuzhǐ：メール・アドレス

电子邮箱 diànzǐ yóuxiāng：メール・ボックス

电子游戏 diànzǐ yóuxì：コンピュータ・ゲーム

网址 wǎngzhǐ：ホームページのアドレス

网站 wǎngzhàn：ウェブサイト

网吧 wǎngbā：インターネット・カフェ

网友 wǎngyǒu：ネット上での友人、メル友

memo

第六课

福原爱拜访中国大使(1)

2月18日下午,中国驻日本大使馆,一次轻松愉快的交谈,没有用翻译。

"我现在担任2010年上海世博会的形象大使,2007年是日中文化体育交流年的形象大使,2005年与成龙一起担任过两国交流活动的形象大使。"

"你的大使头衔比我多。"

"多当大使,能多吃好吃的东西。但我还要减肥,脸太圆了,我想要瓜子脸。"

"你马上要去中国参加比赛了吧。"

"对乒乓球来说,今年有两个重要比赛。一个是2月24日在广州举行的世界乒乓球锦标赛团体赛,另一个是在北京举行的奥运会。"

交谈的两个人,一个是在中国有"瓷娃娃"之称的日本乒乓球选手福原爱,一个是中国驻日本大使崔天凯(Cuī Tiānkǎi)。这次交谈的缘由很简单,福原

爱希望拜访还未曾见面的新大使。

崔大使送给福原爱的礼物是，北京奥运会吉祥物"福娃"、带"福"字的中国筷子。

崔大使说："这些礼物都与你的名字有关，希望能给你带来好的运气。"

福原爱送给崔大使的礼物是，一张写有"日中友好"的斗方；一个有福原爱签名的乒乓球板；一件福原爱特制的运动衫 —— 胸前有日中两国国旗，还有福原爱的签名。心直口快的"瓷娃娃"提醒崔大使："运动衫不能洗，一洗签名就没了。"

♪♪ 福娃 ♪♪

福娃贝贝 Beibei　福娃晶晶 Jingjing　福娃欢欢 Huanhuan　福娃迎迎 Yingying　福娃妮妮 Nini

生词

拜访 bàifǎng：表敬訪問をする
轻松 qīngsōng：気楽である
交谈 jiāotán：話し合う
上海世博会："上海世界博览会 Shànghǎi shìjiè bólǎnhuì"の略称。
　　　　　上海国際博覧会（2010年5月1日〜10月31日）
形象大使 xíngxiàng dàshǐ：親善大使
日中文化体育交流年 Rì-Zhōng wénhuà tǐyù jiāoliú nián：
　　　　　日中文化・スポーツ交流年
成龙 Chéng Lóng：（俳優）ジャッキー・チェン
头衔 tóuxián：肩書き
减肥 jiǎnféi：ダイエットをする
瓜子脸 guāzǐliǎn：瓜実顔、細面の顔
马上 mǎshang：すぐに
世界乒乓球锦标赛团体赛 Shìjiè pīngpāngqiú jǐnbiāosài tuántǐsài：
　　　　　世界卓球選手権団体戦
另一个 lìng yí ge：もう一つの
瓷娃娃 cíwáwa：磁器製の人形（福原愛のニックネーム、肌がきれいなことから）
未曾 wèicéng：まだ〜したことがない
吉祥物 jíxiángwù：めでたいもの
福娃 Fúwá：北京オリンピックのマスコット・幸せな子ども
与〜有关 yǔ〜yǒuguān：〜と関係する
斗方 dǒufāng：色紙（書や文字を書いた赤い紙。門や壁に貼る。）
心直口快 xīn zhí kǒu kuài：性格が素直で、思ったことを単刀直入に言う

⇒ポイント

1．你的大使头衔**比**我多。
　①他**比**我胖。

　②他**比**我小三岁。

2．**多**当大使，能**多**吃好吃的东西。
　①今天**多**喝一点儿。

　②**少**放点儿糖。
　　（"少"は「少な目に（控えめに）〜する」を表す。）

3．你马上**要**去中国参加比赛**了**吧。
　①他**要**回来**了**。

　②他**要**毕业**了**。

4．**一**洗签名**就**没**了**。
　①一喝酒，脸**就**红。

　②一听**就**明白。

練　習

1．（　　）の中に適当な量詞を入れなさい。

(1)一（　　）写有"日中友好"的斗方；一（　　）有福原爱签名的乒乓球板；一（　　）福原爱特制的运动衫

2．中国語に訳しなさい。

(1)彼は私より背が高い。

(2)今月はお金があるので、今日は多めに買い物をしよう。

3．（　　）の中に適当な動詞を入れて、意味とピンインを書きなさい。

(1)（　　）棒球

(2)（　　）足球

(3)（　　）高尔夫球

(4)（　　）橄榄球

(5)（　　）网球

memo

Dì qī kè
第七课

福原爱拜访中国大使(2)

"你在中国生活过，吃东西习惯吗?"

"没问题。"

"你的汉语说得真好。你会说关东话吗?"

"不会。会说一点儿上海话。因为我教练的老公是上海人。"

"你说说上海话，让我听听。"

"我会说'阿拉桑海您'，可我不是上海人啊。我教练的老公废话特别多，我就说'侬废瓦冈多啊'。"

"听说你在早稻田大学读书。"

"是的。"

"去年福田首相访问中国，在北京大学演讲时，他自我介绍是早稻田大学

毕业的。"

"是吗?"

"早稻田大学与北京大学建立了友好交流关系,去年早稻田大学举办'北京大学日',我去参观过。我记得你小时候在仙台生活过,鲁迅在仙台上过学。"

"我很小时候在仙台,但我不会说仙台话。"

"仙台竟然也有方言。你的中国东北话说得很好,你见过赵本山吗?"

"没见过,但我参加过他的家。"

福原爱表示,她和中国有很深的缘分,感谢中国乒乓球界的教练和选手多年来对她的培养和关照,希望用成绩来回报曾帮助过自己的人。

崔大使说,中日两国乒乓球交往历史很长,建立了特殊的友好关系,去年应日本乒协邀请,中国乒乓球界元老代表团来到日本访问。他期待福原爱在比赛中取得好成绩。

生词

关东话 Guǎngdōnghuà：広東語

老公 lǎogōng：夫

阿拉桑海您：上海語："我上海人"の意。

废话 fèihuà：無駄話

侬废瓦冈多啊：上海語："你废话这么多"の意。

举办 jǔbàn：行う

记得 jìde：記憶している、覚えている

上学 shàng//xué：学校に通う

竟然 jìngrán：意外にも

方言 fāngyán：方言

赵本山 Zhào Běnshān：中国のコメディアン。東方のチャーリー・チャップリンと呼ばれている。

缘分 yuánfèn：縁、ゆかり、関係

培养 péiyǎng：育成する

关照 guānzhào：世話をする

回报 huíbào：（恩に）報いる、恩返しをする

曾 céng：以前

应～邀请 yìng～yāoqǐng：～の招きに応じる

日本乒协 Rìběn pīngxié：日本卓球協会（"日本乒乓球协会"の略称）

⇒ポイント

1. 你在中国生活过，吃东西习惯吗?
   ①你去**过**中国吗?

   ②我没去**过**中国。

2. 你的汉语**说得**真好。
   ①他**说**汉语**说得**很好。

   ②他**跑步跑得很快**。

3. **会**说一点儿上海话。
   ①我**会**说汉语。

   ②他**不会**说英语。

4. 你**说说**上海话，**让**我**听听**。
   ①我想**看一看**。

   ②他身体不好，应该**休息休息**。

5. 你说说上海话，**让**我听听。
   ①**让**您久等了，对不起。

   ②妈妈不**让**我开车。

練　習

1．漢字に直し、日本語に訳しなさい。

(1) Ràng wǒ xiǎng yi xiǎng.

(2) Tā bú huì shuō Rìyǔ.

2．中国語に訳しなさい。

(1) 私は大学で英語を2年勉強したことがあります。

(2) 私は北京ダックを食べたことがありません。
　　　　　　　　　　　（北京烤鸭 Běijīng kǎoyā）
(3) 私は中国語が少し話せる。

3．次の問いに中国語で答えなさい。

(1) 今天气温十八度，昨天十六度，今天比昨天高多少？

(2) 山田、木村、田中三个人都是大学生。山田最大，二十岁。田中最年轻，十八岁。木村比山田小一岁，比田中大一岁。木村多大？

memo

第八课

一次性消费

"有一次性筷子吗?"

"早不用了,现在我们用的是密胺筷子。"

位于北京长椿街的"面爱面"店服务员拿出一把质地光滑的绛紫色筷子告诉笔者,自去年11月以来,店里就撤下了使用了12年的一次性筷,取而代之的是这种可以重复使用的消毒筷子。

面爱面所属京日餐饮有限公司负责人郑广告诉笔者,近几年来公司一直都在考虑停止使用一次性筷子。经过对30余种不同质地的消毒筷子进行分析和试验,最终选择了这种密胺筷子。密胺筷采用国际上新型的密胺(三聚氰胺)经高温压制而成,具有无毒、无味、不易碎、易清洗和外观仿瓷的特点,经过消

毒可重复使用，符合国家食品卫生标准和美国FDA标准。

笔者随机采访了在面爱面用餐的顾客，大部分人对消毒筷表示支持，认为这是一种更环保的方式，只要餐厅的消毒设备跟得上，大家对于消毒筷子还是比较放心的。面爱面长椿街店店长郭凤云说，作为面爱面消毒筷子的首家试点分店，也有少数顾客对于刚刚更换的消毒筷子不习惯，要求使用原来的一次性筷子，问其原因，还是出于卫生方面的考虑。看来，要真正杜绝一次性筷子，除了店家能提供确保卫生的消毒筷外，还需要顾客改变消费习惯。

生词

一次性 yícìxìng：使い捨て

密胺 mì'àn：メラミン

拿出 náchū：取り出す

把 bǎ：[量詞] 椅子・扇子などを数えるときに用いる

绛紫色 jiàngzǐ sè：えび茶色

自 zì：〜から。起点を表す。

撤下 chèxià：除去する、取り除く

取而代之 qǔ ér dài zhī：これに取って代わる

重复 chóngfù：繰り返し

三聚氰胺 sān jù qíng'àn：メラミン

经高温压制而成 jīng gāowēn yāzhì ér chéng：高温で圧縮して成形したもの
　　　　　　　　　　　　　　"经"は「〜の過程を経て」の意。

不易 bú yì：〜しにくい

易 yì：〜しやすい

仿瓷 fǎngcí：磁器に似た

美国FDA标准 Měiguó FDA biāozhǔn：アメリカＦＤＡ基準。
　　　　　　　　Food and Drug Administration　食品、医薬品、化粧
　　　　　　　　品、医療機器などに対して、その許可や違反品の取り
　　　　　　　　締まりなどを行うアメリカ合衆国の政府機関

随机 suíjī：無作為に、思いつくままに

跟得上 gēndeshàng：追いつくことが出来る

店长 diànzhǎng：店長。"长"の発音に注意。

首家试点分店 shǒu jiā shìdiǎn fēndiàn：初めて試験的に行う支店
　　　　　　"家"は店や企業などを数えるときに使われる量詞。
　　　　　　"首"は「第一番」「最初」などの意。

刚刚 gānggāng：ちょうど〜したばかり

⇒ポイント

1．作为面爱面消毒筷子的首家试点分店，
　①他作为交换留学生在中国住两年。

　②我作为该公司的职员在北京工作。

2．也有少数顾客对于刚刚更换的消毒筷子不习惯，
　①有机会去中国学习。

　②没有钱买汽车。

3．除了店家能提供确保卫生的消毒筷外，还需要顾客改变消费习惯。
　①除了英文小说以外，我还有一本中文小说。

　②第十一课除了生词多以外，语法也比较难。

練　　習

1. (　　)の中に適当な漢字を入れなさい。

　　(1)早不用（　　　），现在我们用的是密胺筷子。

　　(2)自去年11月以来，店里就撤下了使用（　　　）12年的一次性筷。

　　(3)近几年来公司一直都（　　　）考虑停止使用一次性筷子。

2. (　　)の中に適当な方向補語を入れなさい。

　　(1)位于北京长椿街的"面爱面"店服务员拿（　　　）一把质地光滑的绛紫色筷子告诉笔者。

　　(2)自去年11月以来，店里就撤（　　　）了使用了12年的一次性筷。

3. (　　)の中に適当な前置詞を入れなさい。

　　(1)大部分人（　　　）消毒筷表示支持。

　　(2)笔者随机采访了（　　　）面爱面用餐的顾客。

memo

第九课

气候变暖

"北极看极光,南极看冰川"。但是,随着全球变暖,南极的冰川变得越来越薄。美国地理协会称,南极洲3个最大的冰川正在迅速变薄,在过去的10年内变薄了45米。共减少了157立方公里的冰,这些冰融化到了海洋里,足可以把全球的海平面升高0.04厘米。

以前对南极洲的研究则称,南极的冰川大陆正在不断地融化并流向海洋。那些由冰川组成的海岛流失的速度也是以前的好几倍,这些水流的流量目前为每年350亿吨。

南极气候变暖的速度比世界上其他地方要快,南极冰川正用它无声的语言表示它对全球气候变暖的愤怒。

生词

极光 jíguāng：オーロラ

冰川 bīngchuān：氷河

美国地理协会 Měiguó dìlǐ xiéhuì：アメリカ地理学協会

足 zú：十分に、間違いなく

⇒ポイント

1. 变暖

    变好　　变坏　　变红　　变大　　变小　　变年轻

2. 足可以把全球的海平面升高0.04厘米。

    ①我把窗户关好了。

    ②他把那些书送给朋友了。

練習

1. 日本語に訳しなさい。

    (1) 请把书还给他。

    (2) 他把病人送到医院去了。

    (3) 请把桌子擦擦。

第十课

『过劳死』为华人淘金敲警钟

新年刚过，人们仍沉醉在节日的欢乐之中意大利普拉托的一家工厂里却发生了不幸，一位刚刚三十出头的浙江籍华人因长时间高强度工作，过度疲劳而猝死。事件引起了社会各界的广泛关注。有关人士提醒华人，应警惕"过劳死"，爱惜身体和生命，健康才是人生最宝贵的财富。据知情者介绍，死者名叫李栋（化名），祖籍浙江省温州市乐清县，为改变家庭贫困现状，于一年前举债辗转来到意大利务工。

几年前，李栋的同胞哥哥来到意大利，哥哥的努力使李家的境况有了很大的好转。为了向哥哥学习，更快改善家庭的经济条件，走上致富之路，李栋学着哥哥向亲友借了些钱，便怀着梦想来到了意大利。天性勤劳的李栋来到意大利后，工作非常努力，只要工厂有活，他总是牺牲睡眠时间，尽量多做些活，

争取多赚点钱寄回家中。

梦想是美丽的，现实却是残酷的。一年多没日没夜的劳作，每天只有几个小时的休息，李栋身体慢慢地感到有些不支。为了家庭，为了多挣钱，李栋仍在顽强地工作着，工作到了他人生的最后一刻。

钱是永远赚不完的，过度疲劳工作将为自己带来终身遗憾。

◇◆◇◆◇◆◇◆◇

生词

淘金 táo//jīn：砂金を採取する
敲警钟 qiāo jǐngzhōng：警鐘を鳴らす
普拉托 Pǔlātuō：プラト
浙江籍 Zhèjiāngjí：浙江省籍、浙江省に籍のある
知情者 zhīqíngzhě：事情を知っているもの
祖籍 zǔjí：原籍、本籍
于 yú：（場所、時間などを導く）～に
同胞 tóngbāo：両親が同じ兄弟姉妹、同じ国の人、同じ民族の人
致富之路 zhì fù zhī lù：富に向かう道、金持ちになる道
尽量 jǐnliàng：出来る限り
没日没夜 méi rì méi yè：夜も日もなく、一日中
不支 bùzhī：持ちこたえられない
将 jiāng：必ずや、きっと

⇒ポイント

1. 健康**才**是人生最宝贵的财富。
    ①她**才**是名副其实的美人呢。

    ②他不去**才**怪呢。

2. **使**李家的境况有了很大的好转
    ①这样才能**使**他满意。

    ②这个消息**使**他很高兴。

3. 学**着**哥哥向亲友借了些钱，••••
    ①穿**着**鞋进屋

    ②走**着**去

4. 李栋仍在顽强地工作**着**
    ①雪正下**着**呢。

    ②雪还下**着**呢。

5. 赚**不**完

    看**得**懂—看**不**懂 　　　听**得**懂—听**不**懂
    看**得**见—看**不**见 　　　听**得**见—听**不**见
    睡**得**着—睡**不**着 　　　说**得**完—说**不**完

練　　習

1．（　　）の中に適当な助詞を入れなさい。

(1)事件引起（　　　）社会各界的广泛关注。

(2)李栋学（　　　）哥哥向亲友借了些钱，便怀（　　　）梦想来到了意大利。

(3)李栋仍在顽强地工作（　　　）。

2．（　　）の中に適当な量詞を入れなさい。

(1)一（　　　）工厂

(2)一（　　　）刚刚三十出头的浙江籍华人

(3)几（　　　）小时

3．"的""得""地"の中から適当なものを選び、（　　　）の中に入れなさい。

(1)你的中国东北话说（　　　）很好。

(2)工作到了他人生（　　　）最后一刻。

(3)李栋身体慢慢（　　　）感到有些不支。

(4)梦想是美丽（　　　），现实却是残酷（　　　）。

語彙索引

Ⓑ

把	bǎ	⑧
拜访	bàifǎng	⑥
"北京人"	Běijīngrén	①
北京周口店地区	Běijīng Zhōukǒudiàn dìqū	①
濒	bīn	①
冰川	bīngchuān	⑨
并	bìng	④
不易	búyì	⑧
不同	bùtóng	②
不支	bùzhī	⑩
布置	bùzhì	④

Ⓒ

才	cái	⑤
曾	céng	⑦
撤下	chèxià	⑧
成龙	Chéng Lóng	⑥
成为	chéngwéi	①
持有	chíyǒu	②
重复	chóngfù	⑧
出具	chūjù	③
储量	chǔliàng	①
瓷娃娃	cíwáwa	⑥
此	cǐ	③

D

大都	Dàdū	①
大批	dàpī	⑤
大致	dàzhì	②
单位	dānwèi	④
但	dàn	②
道	dào	④
到期	dàoqī	③
地热	dìrè	①
地市级	dìshìjí	②
店长	diànzhǎng	⑧
斗方	dǒufāng	⑥
多样	duōyàng	①

F

方言	fāngyán	⑦
仿瓷	fǎngcí	⑧
非机动车	fēijīdòngchē	③
废话	fèihuà	⑦
福娃	Fúwá	⑥

G

刚刚	gānggāng	⑧
港澳台	Gǎng-Ào-Tái	②
高考	gāokǎo	④
跟得上	gēndeshàng	⑧

瓜子脸	guāzǐ liǎn	⑥
关照	guānzhào	⑦
广东话	Guǎngdōnghuà	⑦

Ⓗ

核发	héfā	③
环保	huánbǎo	④
换证	huànzhèng	③
回报	huíbào	⑦

Ⓙ

机动车	jīdòngchē	②
极光	jíguāng	⑨
及其	jí qí	③
吉祥物	jíxiángwù	⑥
记得	jìde	⑦
驾校	jiàxiào	②
驾照	jiàzhào	②
减肥	jiǎnféi	⑥
建议	jiànyì	③
将	jiāng	⑩
绛紫色	jiàngzǐ sè	⑧
交管局	jiāogǎunjú	③
交管所	jiāoguǎnsuǒ	③
交谈	jiāotán	⑥
缴纳	jiǎonà	③
尽量	jǐnliàng	⑩

经高温压制而成	jīng gāowēn yāzhì ér chéng	⑧
境内	jìngnèi	②
竟然	jìngrán	⑦
境外	jìngwài	②
就是	jiù shì	④
居	jū	①
举办	jǔbàn	⑦

Ⓛ

老公	lǎogōng	⑦
另一个	lìng yí ge	⑥
流程	liúchéng	②
留美	liú-Měi	④
旅居	lǚjū	②
绿卡	lǜkǎ	②
乱	luàn	⑤
略	lüè	②

Ⓜ

马上	mǎshang	⑥
没日没夜	méi rì méi yè	⑩
美国地理协会	Měiguó dìlǐ xiéhuì	⑨
美国 FDA 标准	Měiguó FDA biāozhǔn	⑧
密胺	mì'àn	⑧
明	Míng	①
某	mǒu	②
目光	mùguāng	⑤

N

拿出	náchū	⑧
暖温带半湿润大陆性季风气候	nuǎnwēndài bànshīrùn dàlùxìng jìfēng qìhòu	①

P

培养	péiyǎng	⑦
普拉托	Pǔlātuō	⑩

Q

其所供职	qí suǒ gòng zhí	②
启发	qǐfā	⑤
敲警钟	qiāo jǐngzhōng	⑩
清	Qīng	①
轻松	qīngsōng	⑥
取而代之	qǔ ér dài zhī	⑧
却	què	⑤

R

日本乒协	Rìběn pīngxié	⑦
日中文化体育交流年	Rì-Zhōng wénhuà tǐyù jiāoliú nián	⑥
如是	rúshì	⑤

S

三聚氰胺	sānjùqíng'àn	⑧
森林覆盖率	sēnlín fùgàilǜ	①
上海世博会	Shànghǎi shìbóhuì	⑥
上前	shàng//qián	⑤
上学	shàng//xué	⑦
省级	shěngjí	②
世界乒乓球锦标赛团体赛	Shìjiè pīngpāngqiú jǐnbiāosài tuántǐsài	⑥
适宜	shìyí	①
首家试点分店	shǒu jiā shìdiǎn fēndiàn	⑧
塑料袋	sùliàodài	⑤
随地	suídì	④
随机	suíjī	⑧

T

淘金	táo//jīn	⑩
提交	tíjiāo	②
提示	tíshì	③
体检	tǐjiǎn	③
同胞	tóngbāo	⑩
头衔	tóuxián	⑥

W

外籍华人	wàijí huárén	②
外交人员	wàijiāo rényuán	③
为	wéi	①

未曾	wèicéng	⑥
位于	wèiyú	①

Ⓧ

县级	xiànjí	③
相关	xiāngguān	②
相继	xiāngjì	①
小型汽车 C2	xiǎoxíng qìchē C èr	③
小型汽车 C1	xiǎoxíng qìchē C yī	③
些	xiē	⑤
心直口快	xīn zhí kǒu kuài	⑥
形象大使	xíngxiàng dàshǐ	⑥

Ⓨ

依据	yījù	②
一次性	yícìxìng	⑧
以便	yǐbiàn	③
易	yì	⑧
因为	yīnwèi	②
应～邀请	yìng～yāoqǐng	⑦
于	yú	⑩
与～有关	yǔ～yǒuguān	⑥
元朝	Yuáncháo	①
缘分	yuánfèn	⑦

Ⓩ

占	zhàn	①
赵本山	Zhào Běnshān	⑦
浙江籍	Zhèjiāngjí	⑩
知情者	zhīqíngzhě	⑩
直到	zhídào	①
致富之路	zhì fù zhī lù	⑩
中国公民	Zhōngguó gōngmín	②
准驾车型	zhǔnjiàchēxíng	③
准考证	zhǔnkǎozhèng	③
自	zì	⑧
足	zú	⑨
祖籍	zǔjí	⑩

●著者

安井二美子（やすい ふみこ）
東京大学大学院総合文化研究科博士課程修了。中国語学。
東京大学・立教大学などで中国語を担当する。

●コラム『華僑・華人』執筆

陳慶民（ちん けいみん）
立教大学経済学部卒業。東京華僑総会副会長。

中級中国語読解テキスト
2008年9月1日　初版1刷発行

著　者　　安井二美子
発行者　　岩根　順子
発行所　　サンライズ出版株式会社
　　　　　〒522-0004 滋賀県彦根市鳥居本町655-1
　　　　　TEL0749-22-0627　FAX0749-23-7720

© Fumiko Yasui 2008　　乱丁本・落丁本は小社にてお取り替えいたします。
ISBN978-4-88325-367-8　　定価は表紙に表示しております。